숲을 닮은 너에게

Forest Girl's Diary

숲을 닮은 너에게

애뽈 지음

시드앤피드

Prologue •

푸른 숲속의
작은 소녀를 닮은 당신에게

한 해 한 해 나이가 들어갈수록
어린 시절의 순수함이 그리워지는 건 왜일까요?

저는 어른의 모습으로 견뎌야 하는 현실에 지칠 때면, 숲을 찾아가 그동안 잊고 살았던 동심을 되찾곤 합니다. 영롱한 산새소리에 아이처럼 탄성을 짓거나, 오솔길을 걷다 마주치는 다람쥐와 인사하고, 나무의 새순을 마음껏 귀여워하지요. 숲에서는 누구도 그런 제 모습을 이상하게 바라보지 않고, 저 또한 다른 사람의 시선을 신경 쓰지 않아도 되니까요. 도시와는 다른 숲의 맑은 공기를 마시는 것만으로도 종일 저를 괴롭혔던 두통이 가시고, 무거웠던 마음도 한결 가벼워지는 듯합니다.

그렇게 숲속에서 느꼈던 순수하고 소중한 마음을 하나하나 모아《숲을 닮은 너에게》를 그렸어요. 제 마음속에 작은 숲을 만들고, 검고 탐스러운 머리를 가진 한 소녀를 그곳에 살게 했지요. 비 온 뒤 맑은 하늘에 떠오른 무지개나 길을 거닐다 만나는 작은 들꽃을 반가워하고, 밤하늘을 밝히는 별들을 세며 미소 짓는 그런 작은 소녀 말이에요. 푸르고 드넓은 숲속에서 그날그날 하고 싶은 일을 하며 살아가는 사랑스러운 소녀의 일상은 저에게 더없는 휴식이자 기쁨이 되어주었습니다.

더운 여름,
내리쬐는 햇볕으로부터 넉넉한 그늘이 되어주는 나무처럼
《숲을 닮은 너에게》가 당신의 지친 하루에
푸른 숲이 되어주기를 바라봅니다.

차례

Prologue
푸른 숲속의 작은 소녀를 닮은 당신에게 004

PART 1
그저 바라만 보아도 좋은 날, 봄

빨간 대문 010 • 색종이 꽃밭 012 • 봄비 014 • 5월의 어느 날 016 • 눈꺼풀 위의 봄 018 •
노란 봄을 안고서 020 • 봄의 향기 022 • 스위치 024 • 어떤 소설 026 •
그림책을 보여줄게 029 • 까마귀의 보물 030 • 즐거운 목욕 032 • 숲속 작은 카페 034 •
햇살 비 036 • 머리를 묶으면 038 • 주홍빛 선글라스 040 • 조금만 나쁜 것 042 •
마음대로 되지 않는 날 045 • 잠시 쉬어가기로 해요 046 • 구름 세탁기 048 •
되돌아갈 수 있는 용기 050 • 언제까지나 함께 052 • 생각 계단 055 •
별 내리는 밤 056 • 달과 별 조명 058 • 드림캐처 061

PART 2
여름이 밀려옵니다

내게로 날아든 작은 새 064 • 여름 꽃 화관 066 • 구름이 흘러가는 하늘 068 •
나뭇잎 선글라스 071 • 오늘 점심은 뭐예요? 072 • 구름 위에서의 티타임 074 •
쳇바퀴 일상 077 • 우울의 숲 078 • 문을 열어요 080 • 아이스크림 건배 083 •
머릿속 상상이 현실이 된다면 084 • 책의 향기 086 • 여름의 불청객 088 • 밀짚모자 090 •
여름 소풍 092 • 숲에서 찾은 예쁜 것들 094 • 달밤 라디오 097 • 여행 098 •
푸른 바다를 달려 여름 속으로 100 • 8월, 어느 비 오는 날 102 • 작은 우산 하나 105 •
기지개를 켜요 106 • 하늘 책 108 • 한여름밤의 캠핑 110 • 어제와 다른 바람 112

PART 3
가을이 더 가까이

숲은 지금 물들어 가는 중 116 • 온통 가을인 날 119 • 계절은 기다리지 않아요 120 •
바람 빗 122 • 내 머리 위 커다란 하늘 124 • 종이컵 전화기 127 • 함께 있다면 128 •
내가 가진 것 130 • 꼬이고 엉킨 132 • 가을의 틈새 134 • 새집으로 이사 갈까요? 136 •
겨울이 오기 전에 139 • 뜻밖의 추억 140 • 집으로 들어온 바람 142 •
깊게 숨을 들이쉬어요 145 • 간직하고픈 날 146 • 문득 행복해진 오늘 오후 148 •
따뜻한 마음은 어떤 모습일까 150 • 카메라를 들고 152 • 노을엔 살짝 눈을 감고 154 •
위로 156 • 가을이 지나가는 중입니다 158 • 달 파이 160 • 저 하늘의 달도 너에게 163 •
내 두 손 가득, 행복 164

PART 4
겨울에 만나는 너

겨울 아침 168 • 겨울 꽃 170 • 핫초코 173 • 창문을 열어요 174 • 겨울 숲속으로 176 •
그저, 지금 178 • 마음을 엮어 181 • 친구 182 • 하늘과 마주하기 184 •
너의 눈으로 바라본 나 186 • 아픈 밤, 잠들게 해준 188 • 크리스마스이브 191 •
매일이 크리스마스 192 • 겨울이라는 아이 194 • 코코 196 • 잠이 오게 하는 마법 198 •
시린 하늘을 날아 200 • 내 바로 뒤의 행복 202 • 겨울의 선물 204 •
변하지 않을 거예요 206 • 일기장의 첫 페이지 208 • 지난밤 꿈에 210 • 꽃눈 212 •
행복을 잡아요 214

《숲을 닮은 너에게》 비하인드 스토리 216
Epilogue
나의 숲은 언제나 당신이었습니다 222

PART 1

그저 바라만 보아도 좋은 날, 봄

A Day When Gazing is Enough, Spring

긴긴 겨울 동안 오직 봄이 오기만을 기다렸어요.
따뜻한 바람, 녹색으로 가득한 나의 숲.
그저 하염없이 바라만 보아도 좋은 오늘입니다.

During the long, long winter, I waited for spring to come.
A warm breeze, my forest filled with green.
Today, it is enough to gaze upon the forest colored in spring.

빨간 대문

푸른 숲속, 우거진 나무들 사이
숲을 닮은 우리 집이 있어요.

커다란 빨간 대문은
멀리, 저 멀리에서도
환히 웃으며 당신을 환영하는
내 마음일지도 몰라요.

Red Gate

In the green forest, through the dense trees,
there lies my home that resembles the forest.

The red gate afar,
at a long, long distance
could be my heart,
welcoming you with a smile.

색종이 꽃밭

색종이를 조각조각 잘라 바닥에 흩뿌린 듯
오늘의 숲속은 완연한 꽃밭이네요.
숲에 봄이 아롱아롱 내리면
마음까지 알록달록
　　　　물이 든 듯 찬란해집니다.

Flower Garden
of Colored Paper

As if small pieces of colored paper were spread on the ground,
today, the forest is a fully bloomed garden of flowers inside.
When the spring hazily falling on the forest,
it shines as though the colors will even soak into my heart.

봄
비

몇 차례 따스한 비가 온 숲을 적시더니
연둣빛 물감이 번지듯
봄이 찾아왔네요.

○
Spring Rain After the warm rain covered the whole forest,
spring has come like lime-green dye spreading about.

5월의 어느 날

가슴 벅찬 풍경이
나를 맞이하는 5월의 봄.

들판은 모두 연둣빛으로 물들었어요.
팝콘처럼 희고 작은 꽃잎이 살랑거리는 모습과
이따금씩 머리카락을 매만지고 가는 포근한 바람,
감은 두 눈 위로 아롱거리는
주홍빛 햇살 같은 사소한 것들이
　　　　모두 봄이라고 말하고 있어요.

○

Some Day in May

Spring of May greets me
with overwhelming scenery.

The fields are all colored in light green dye.
The small and white flower petals like popcorn dancing around,
the cozy winds that come and go, gently touching my hair,
the orange sunray that shimmers over my closed eyes—
all of these small things tell that spring is here.

눈꺼풀 위의 봄

가만히 누워 하늘만
　　바라보아도 좋은 날.

큰 떡갈나무 아래 나무뿌리를 베고 누워
구름이 그린 그림을 한참이나 바라보다
이윽고 두 눈 위에 봄이 내려앉아
나는 어쩔 수 없이 눈을 감아야만 했습니다.

○

Spring Over
My Eyelids

A day of content, lying on my back and watching the sky.

While I lay my head on the roots of a great oak tree
and admire the cloud's drawings,
spring comes down onto my eyelids.
And so I cannot help but close my eyes.

노란 봄을 안고서

어쩌면 봄은 노란색을 닮았나 봐요.
눈부실 만큼 환한 햇살과
마른 나뭇가지 위, 거친 흙을 헤치고
돋아난 작은 새싹들.

하루하루 따스해지는 날씨에 즐거워하는
당신의 웃음 같은 노란색이요.

○

With Yellow Spring in My Arms

Spring might be like the color yellow.
Yellow like the dazzling sunlight,
sprouts tingling on barren branches and rough soil,
and your smile that enjoys the growing
warmth of each day.

봄의 향기

움츠려 있던 작은 망울이 하나둘 터지며
어디를 둘러봐도 색색의 꽃들이 가득한 요즘.

봄이 와서 꽃이 향기로운지,
꽃의 향기가 봄을 불러오는지.

어느새 주변을 온통 물들인 봄의 향기에 취해
우리는 잠시 정신을
        차릴 수 없었습니다.

○

The Scent of Spring

Small, cuddled up buds are bursting
and flowers of all colors are all around.

Is the scent of flowers sweet because spring is here,
or has the scent called upon spring?

We were captivated by the scent of spring that snuck up all around
and weren't released for a while.

스위치

막 잠에서 깨어나
머릿속이 온통 뿌옇게 서린 그 순간.

아직 잠기운이 묻은 눈을 떠
아침의 환한 풍경을 바라보며
잠시 내 안의 스위치가 켜질 때까지 기다려요.

오늘도 행복한 하루를 열심히 살아갈
내 마음속 작은 버튼을요.

○

A Switch

The moment the mind is misty soon after waking up.

I open my eyes, smudged with sleep,
and watch the bright morning scene
while I wait until the switch inside be turns on.

The little button in my heart
for another happy and sincere day.

어떤 소설

내가 유독 좋아하는 이야기책이 있어요.
가만히 글에 집중하며 책장을 넘기면
머릿속 가득 멋진 장면들이 떠올라요.
그러면 나는 어느새 이야기 속 주인공이 되어 있죠.

어떤 장면들은 내 머릿속에 액자처럼 남아
때로는 가만히 떠올리며 즐거워하고
때로는 꿈속에 나오길 기대하곤 해요.

A Certain Novel

I'm fond of a certain storybook.
When I turn each page and focus on the words,
my mind is filled with astonishing scenes.
Soon I become the character the story is all about.

Certain scenes reside in my mind like it's in a frame.
Sometimes I fancy them in joy
and sometimes I'm eager to relive them in my dreams.

그림책을 보여줄게

여기 이 부분 어때요?
내가 제일 좋아하는 페이지예요.

책을 읽다가 좋아하는 글귀나
사랑스러운 그림을 만나면
가장 먼저 당신이 생각나요.
내 가슴속 두근거림을 나누고 싶은 마음이에요.

I'll Show You a Picture Book

How is this part?
It's my favorite page.

When I find a wonderful phrase or a lovely picture,
the first thing I think of is you.
I want to share this excited heartbeat with you.

까마귀의 보물

별 하나 없는 밤처럼 검은 깃털을 가진 까마귀는
반짝이는 것들을 좋아합니다.
냇가의 황금빛 조약돌도
둥그런 은쟁반과 금박이 입혀진 찻잔도
모두 까마귀가 좋아하는 것이에요.

당신은 까마귀의 보물창고에 가본 적이 있나요?
의외로 그곳은 오래된 책으로 가득하답니다.
세상에서 제일 반짝이는 건 다름 아닌
많은 사람들의 생각이 담겨 있는 책이 아닐까
가만히 생각해봅니다.

The Raven's Treasure

The raven, with feathers black as a starless night,
likes things that shine.
Pebbles near the stream that shimmer in gold,
silver trays, and golden teacups—
the raven likes them all.

Have you been to the raven's treasure house?
Surprisingly, it's filled with old books.
I sit and wonder—
perhaps what shines the brightest in the word are books
filled with the thoughts of people.

즐거운 목욕

따끈한 물이 가득 담긴 욕조가 있다면
목욕은 언제나 즐거운 일이에요.

볼에 발그스름하게 온기가 오른 상태에서
잠깐 단잠을 즐기고 나면
어느새 몸의 피로는 날아간 듯 없어지고
향긋한 비누 향기만이 가득해요.

○

Happy Bath

As long as there's a tub with warm water,
long baths are always pleasant.

After enjoying a sweet nap
while my cheeks are warmly blushed
the body's tire is gone,
and I'm filled with the soothing scent of sweet soap.

숲속 작은 카페

작은 야외용 테이블에
반듯하게 접어둔 식탁보를 펴고,
가져온 다과도 예쁘게 올려두어요.
이곳에 앉아 함께 차를 마시는 것만으로도
숲은 금세 근사한 카페가 됩니다.

찻잔 속을 맴도는 달콤한 향에 이끌려
작은 새 친구들도 카페에 놀러왔네요.

한 폭의 그림처럼 펼쳐진 봄의 숲.
바삐 움직이던 걸음을 멈추고
숲에서 잠시 쉬어가도 좋아요.

A Small Café in the Woods

I dress a small outdoor table with a tablecloth
and cordially place cookies and tea.
By simply having some tea while sitting here,
the forest becomes a nice café.

Small and friendly birds are drawn
to the sweet scent whirling inside the tea cup.

The forest of spring that unfolds before me like a painting.
It's fine to stop your busy steps
and have a short rest in the forest.

햇살 비

해가 하늘 한가운데 오른 시각,
언덕에 올라 가만히 숨을 고르고 누워 있으면
내리쬐는 햇살이 마치 비처럼 나에게 쏟아집니다.

한낮의 햇살 비는 따스한 온기로 가득해서
가만히 맞고 있어도 하나도 춥지 않아요.

Sunlight Rain

When the sun climbs to the middle of the sky,
after I catch my breath lying down on the hill,
sunlight falls onto me like rain.

The rain of sunlight during the day is full of warmth,
and you don't get cold by lying beneath it.

머리를 묶으면

머리를 높게 올려 묶으면
어쩐지 기운이 나요.
하기 싫어 미뤄놓았던 일도
반드시 해야 하는 숙제도
바싹 올려 묶은 머리 덕분에
더 집중할 수 있는 힘이 생기거든요.

그래서 나는 힘을 내야 하는 순간에는
머리를 높이 올려 묶어요.

오늘 같은 날도 마찬가지예요.
잔뜩 미뤄놓았던 해야 할 일이
무척이나 많거든요!

When I Tie My Hair

When I tie my hair up high, I feel strong.
When there are things I pushed back
and homework I must do,
the tight bun up high gives me the strength to focus.

So I wear my hair high up when I need to be strong.
It's the same today.
There's so much work I've pushed back that I have to do!

주홍빛 선글라스

가끔은 내게 주어진 세계가 너무 힘겨워요.
차갑고 시리고 때론 아프죠.
이럴 땐 포근한 햇살의 색을 닮은
주홍빛 선글라스가 있으면 어떨까요?

거칠고 메마른 풍경도
내게는 날카롭기만 한 누군가의 마음도
주홍빛 색안경을 쓰면 따뜻하게 보일 것 같아요.

세상을 보는 눈을 조금 바꿔보면
차가운 '지금'을 변화시킬 수 있을 거예요.

Orange - red
Sunglasses

Sometimes, the world I am given is staggering.
It's cold, shivering, and sometimes hurtful.
How would it be to have sunglasses
that are orange-red like cozy sunlight?

Rough and barren sceneries
and the hearts of those that twinges—
they will all be warmer with orange-red sunglasses.

If I change the way I see the world,
the cold 'now' might change.

조금만

나쁜 것

아침 식사를 마치자마자 소파에 누워
모자란 잠을 보충하거나
해야 할 일을 한두 시간 미루고
바닥에 누워 만화책을 읽는 일.
청소하기 전에 일부러
부스러기를 흘리면서 과자를 먹거나
어두운 밤에 불을 켜지 않고 영화를 보고
잘 차린 식사 대신 쿠키를 먹는 일 같은,

평소보다 아주 조금만 나쁜 것들이요.

○

Only a Little Bad

Catching up on sleep on the couch,
right after breakfast.
Reading comic books on the floor
while pushing back work for a few hours.
Snacking while dropping crumbs on purpose
right before I start cleaning.
Watching a movie in the dark or having cookies
instead of a wholehearted meal.

Such things that are only a little bad.

마음대로 되지 않는 날

오늘은 이상한 날이에요.

마치 보이지 않는 먹구름과
잔뜩 꼬인 생각들이 내 옆자리에 앉아
하루 종일 울적한 기분에 빠지게 하는 듯한
그런 날이요.

내 마음인데,
왜 마음대로 되지 않는 걸까요?

Days My Mind Won't Listen

Things are strange today.

It's like invisible rainclouds
and twisted thoughts are sitting beside me
and sinking me into a somber mood.

My mind belongs to me,
but why won't it listen to me?

잠시 쉬어가기로 해요

분주한 당신의 삶도 멋지지만
때로는 잠시 쉬어가기로 해요.

생강나무 가지에 움튼 노란 꽃망울이나
벚꽃이 진 후 나무를 뒤덮은 연둣빛 잎사귀.
한층 더 싱그러워진 요즘의 풍경을
놓치지 말기로 해요.

앞만 보며 바삐 걷기보다
길가에 핀 민들레를 보며
잠시 쉬어갈 수 있는 그런 여유가
필요한 때니까요.

○

Let's Rest
for a While

Your busy, lively life has wonders,
but let's sometimes rest for a while.

The yellow flower buds clinging on ginger tree branches
or the green leaves that cover branches
after the cherry blossoms have fell—
let's not allow the recent budding scenery to get away.

Right now, instead of walking straight ahead,
we need to leave room to rest
while admiring the dandelions along the road.

구름 세탁기

먼지 먹은 회색 구름도,
검푸른 먹구름도 괜찮아요.
더러운 물기가 빠지도록
잠시 빨랫줄에 걸어두었다가
깨끗하게 세탁하면 되니까요.

목화솜보다 더 보드랍고
눈보다 더 새하얀 구름을 만들어서
이른 아침 하늘에 둥둥 띄워볼까요?
내일은 꼭 맑은 하늘에 뜬 흰 구름을
볼 수 있을 거예요.

○

Cloud Washer

Grey clouds carrying dust
or dark blue rainclouds are fine.
We can hang them on the washing line,
let the dirty water drop,
and wash them clean.

Make them softer than cotton, whiter than snow,
and send them up to the early morning sky.
Tomorrow, we'll surely see the white clouds
floating in a clear sky.

되돌아갈 수 있는 용기

인생엔 수많은 길이 있다고 하지만
어떤 길에도 늘 옳기만 한 길은 없고
어떤 선택에도 완전히 잘못된 선택은 없지요.

겪어보지 못하면 알 수 없는 일도
가보지 않으면 모르는 길도 있어서
그저 아니다 싶으면 돌아가면 되는걸요.
그러니 너무 심각하게 생각하고 좌절하지 말아요.

중요한 것은
어떤 길이든 계속 걸어나가는
당신의 성실한 발걸음이니까요.

Courage to Turn Back

They say life contains many paths,
but no path is always correct,
and no choice is always wrong.

There are things you can't know without experience
and paths you can't know without taking.
When it doesn't feel right, you can always turn back.
So, don't take things too seriously and do not despair.

What's important is your sincere steps that are taking
whatever path you take.

언제까지나 함께

언제까지나 우리
함 께 하 기 를 ….

○
Together Forever   I hope we'll be together forever….

생각 계단

오르락내리락.
정해진 목적지로 가기 위해 지나치기 바쁜 계단.
잠시 발걸음을 멈추고 생각해볼까요?

꿈꾸던 결과를 이루는 일도,
보다 빨리 해내는 것도 중요하지만
그곳에 가기 위한 과정들도
한 걸음, 한 걸음
의미가 있다는 걸요.

○

Stairway
of Thought

Going up and down.
The steps you're eager to pass to reach your destination.
Let's stop our feet and think for a bit.

Achieving what you've dreamt of
and finishing up quickly is of course important.
But each step of the journey
to get there is meaningful as well.

별 │ 내리는 밤

다락방 침대에 누워 천장의 창문을 바라보면
창밖 너머 밤하늘의 별들이
내게로 사르르 쏟아져 내려요.

별 하나, 별 둘….
서로 정답게 숫자를 세며 이야기를 나누다 보면
어느새 나도 모르게 스르륵
포근한 잠에 듭니다.

Starry Night

I lay on my attic bed and look out the ceiling window,
stars from the night sky outside the window
down toward me in a hurry.

One star, two stars….
As we count the stars and share our stories,
I fall into a cozy sleep, before I know it, slowly.

달과 별

조명

푸른 밤하늘 밝게 빛나는 달과 반짝이는 별을
내 방 침대 위 천장에 달아둘 수 있다면
얼마나 좋을까요!
침대에 누워 한참 천장을 바라보면
동화처럼 즐겁고 환상적인 꿈에
빠져들 것만 같아요.

Moon and Star Lighting

The glowing moon and twinkling stars
of the dark, blue night sky.
How I wish to hang them on the ceiling above my bed!
If I lay in bed and look at the ceiling,
I'll drift into a dream,
joyful and mystical like a fairy tale.

드림캐처

아메리카 인디언들이 만들었다는
드림캐처를 알고 있나요?

고리 안의 그물은 악몽을 꾸지 않게 잡아주고,
깃털은 좋은 꿈을 꾸게 만들어준대요.

당신의 오늘 밤,
봄볕처럼 포근한 꿈에 들기를….

Dream Catcher

Have you heard of dream catchers
made by Native-Americans?

They say the net inside the hoop catches your nightmares
and the feathers give you a pleasant dream.

Have a dream cozy as spring sunray tonight….

PART 2

여름이 밀려옵니다

Summer Approaching

그늘 한 점 없이 햇볕을 쬐며 걷다 보면
이마를 타고 흐르는 땀방울에서
하루가 다르게 여름이 밀려오는 것을 느낄 수 있어요.

As I walk under the shadeless sun
and break a sweat down my forehead,
I can feel that summer is approaching, closer each day.

내게로 날아든 작은 새

깊은 숲속에 사는 새는
사람을 두려워하지 않아요.
가만히 시선을 마주하고 손을 내밀면
작은 새는 낭창한 나뭇가지 위에 앉듯
조심스레 내 곁으로 날아듭니다.
맑게 지저귀는 소리에 어설프게나마
휘파람 소리로 답을 해주면
새는 다시 지저귀고….
우리는 마치 서로 대화를 하는 것처럼
각자의 언어로 노래했습니다.

The Little Bird
That Flew to Me

Birds that live deep within the forest
are not afraid of people.
When I look into their eyes and reach out my hand,
they fly to me with caution,
as though my hand is an unsteady branch.
I answer to their ringing chirps with an unconfident whistle,
and they chirp again in reply….
As though we're speaking to one another,
we sang in our own language.

| 여름꽃 화관

여름의 햇빛을 잔뜩 머금어 탐스럽게 피어난
노랗고 하얀 작은 꽃 송이송이.
기다란 줄기를 꺾어 들꽃과 나뭇잎을 끼워 엮으니
금세 싱그러운 화관이 되었습니다.

서로를 위해 만든 화관을 머리 위에 올려주고
빙그레 웃음을 나눕니다.
마치 여름이 우리의 머리 위에
살포시 앉아 있는 것만 같네요.

Crown of
Summer Flowers

Petals of small flowers, yellow and white,
that grew and lushly budded in summer's sunlight.
A stem is curled into a band
with wild flowers and leaves netted in between.
Soon, a lively flower crown is born.

We placed the crowns we made for each other
on our heads and shared smiles.
It feels like summer is gently sitting on top of our heads.

구름이 흘러가는 하늘

바람결 따라 흘러가는 구름을 바라보며
우린 재미있는 것을 찾아내곤 해요.

솜사탕처럼 생긴 양떼구름,
나들이 가는 오리 가족 같은 새털구름,
혹은 당신의 모습을 닮은 하얀 뭉게구름을요.

The Cloud Flowing Sky

Watching the cloud flow with the groves of the wind,
we find things that will amuse us.

Thick and large clouds that look like cotton candy,
feathery clouds that look like a family of ducks on a picnic,
and fluffy clouds that look like you.

나뭇잎 선글라스

한여름의 햇살은 너무 강렬해요.
박달나무의 푸른 잎 두 장을 빌려
나뭇잎 선글라스를 만듭니다.
단점은 앞이 전혀 안 보인다는 거예요!

Leaf Sunglasses

The summer sun is too strong.
I borrowed two leaves from the birch tree
and made leaf sunglasses.
The downside is that I can't see anything at all!

오늘 점심은 뭐예요?

당근과 양파, 동그란 감자 두 알,
거기에 양배추까지….
선반 위의 카레 가루를 보니
오늘 점심은 카레인가 보네요.

당신과 좋아하는 음식이 같다는 건
얼마나 행복한 일인지 몰라요.

What's for Lunch Today?

Carrots and onions, two round potatoes,
along with cabbage….
The curry powder on the counter tells me
that today's lunch is curry.

I can't say how wonderful it is
that we like the same food.

구름
위에서의
티타임

달달한 디저트와 함께 즐기는
라테 거품 한 모금.

고소한 우유 거품만큼이나 기분 좋은,
마치 구름 위에 떠 있는 듯한 순간이에요.

Teatime
on Clouds

A sip of latte foam
with sweet desserts.

It's pleasant as creamy milk foam
as if I'm floating on a cloud.

쳇바퀴 일상

쳇바퀴 돌듯 똑같은 일상이지만
오히려 그 속에서 편안함을 느껴요.

새로운 만남이나 특별한 일도 좋지만
언제든 돌아갈 수 있는
일상도 소중하다는 것을
잊지 말기로 해요.

Life on a Treadmill

Daily routines repeat like on a treadmill,
but I find ease within them.

New acquaintances and specialties are nice,
but let us not forget to appreciate the routines
to which we may always return.

우울의 숲

작은 우울이 하나둘 자라나
어느새 숲이 되었어요.
햇빛 한 점 들어오지 않는 숲은
마음속 어둠을 먹고 자라듯
빽빽하게 차오르기만 합니다.

시간이 가면 계절이 바뀌고 나뭇잎이 떨어지듯
밀려든 우울이 썰물처럼 빠져나갈 때쯤
그때의 나는 나에게 좀 더 너그러워질 수 있을까요?
가만히 무릎을 끌어안고 앉아 생각해봅니다.

Forest of Gloom

Bits of gloom have budded
and have grown into a forest.
The unshining forest,
as if it's feeding on the darkness inside me,
densely fills from within.

Like the leaves fall as time goes by
and the seasons change,
when the gloom pulls away like a low tide,
could I be more forgiving to myself?
I think to myself as I hug my knees and sit.

문을
열어요

할 일이 많았는데 문득 다 잊어버렸어요.
가만히 웅크리고 앉아 걱정만 많았는데
생각해보니 후~ 하고 입김을 불면 날아갈
먼지 같은 걱정거리였죠.

닫힌 문을 열고 밖으로 나가
막 뛰어다니기 시작한 어린아이처럼
길을 달렸습니다.

그것 봐요. 아 무 것 도 아니죠?

Opening the Door

I was busy with many things,
but I suddenly let them all go.
I was closed up and crouched in worry,
but realized that they're like dust
that I could gently blow away.

I opened the door, went out,
and ran just like a child who just learned how to run.

Look. It's nothing, right?

아이스크림 건배

요즘처럼 푹푹 찌는 더운 계절에
이렇게 시원한 아이스크림을 먹을 수 있다는 건
얼마나 행복한 일인지요.

상큼한 라즈베리, 달콤한 바닐라와
피스타치오 아몬드.
각자 좋아하는 맛의 아이스크림을
손에 들고 건배를 합니다.

시원한 여름을 위하여!

Making a Toast with Ice Cream

Can you imagine how happy you can be
just by eating a cold ice cream during
the hot summer season?

Fresh raspberries, sweet vanilla,
with pistachios and almonds.
We each pick our favorite flavor
and make a toast with our ice creams.

To our cool summer!

머릿속 상상이 현실이 된다면

오늘은 무엇을 그릴까요?
팔레트 위에 짜놓은 색색의 물감들로
커다란 캔버스 한가득 마음껏 그려보아요.

무지개가 뜬 하늘을 떠다니는 물고기 떼와
별 바다를 항해하는 고래,
커다란 여객선을 타고 도착한 외딴섬,
흰 모래사장이 펼쳐진 야자수 아래에서
다디단 파인애플과 수박을 잔뜩 먹을 수도 있겠죠.

머릿속 즐거운 상상에 빠져 마음껏 그리다 보면
나는 어느새 그곳에 가 있는 것만 같아요.

If What You Imagine Becomes True

What shall we draw today?
With various colors of paint on the palette,
we fill the large canvass with whatever we please.

A school of fish swimming across the rainbow in the sky,
and a whale sailing in the sea of stars.
A lone island you reach on a large vessel,
and on a white beach under palm trees
we have plenty pineapples and watermelons to eat.

When I'm lost in these joyful thoughts and draw what I please,
it feels as though I'm already there.

책의 향기

때론 한 권의 책이
마음속 깊이 스며드는 향기가 됩니다.

The Fragrance of Books

At times, a single book becomes a fragrance
sinks deeply into your heart.

여름의

불청객

여름밤 잠을 깨우는 작은 공기의 울림.
따끔하다 싶으면 간지럽게 신호를 보내는
모기의 흔적.
매일 밤, 침대 위의 모기장을 꼼꼼하게 확인합니다.

오늘 밤 마음 편히 잠들고 나면,
내일은 평온한 하루가
        기다리고 있을 것 같아요.

The Uninvited Guest of Summer

A small ripple of air that wakes you in summer nights.
The trace of mosquitos that sends an itch
as soon as you notice being pricked.
Every night, I carefully check the mosquito net above my bed.

If I fall asleep peacefully tonight,
I feel like a calm day will be waiting tomorrow.

밀짚모자

새하얀 원피스나 청 멜빵바지,
어떤 옷에든 밀짚모자만 쓰면
어쩐지 여행을 떠나야 할 것 같은 기분이 들어요.

여름이 오면 나는 이 모자를 쓰고
어디론가 놀러 가고 싶어
눈에 잘 들어오는 옷걸이 위에 올려둡니다.
어느 날 문득 이 모자를 쓰고 여행을 떠날
내 모습이 그려지네요.

Straw Hat

A white dress or denim overalls, whatever the garment
this straw hat makes you feel like
you're about to go on a trip.

When summer comes, I wish to go out wearing this hat
so I place where I can see it,
on top of my cloth hangers.
I can already see myself suddenly going on a trip
wearing this hat.

여름 소풍

시원한 나무 그늘 아래라면
한여름의 소풍도 괜찮아요.
하늘을 덮을 만큼 커다란 나무의
너른 그늘 아래라면 말이에요.

가만히 나무에 등을 기대고 앉아
공기를 울리는 나지막한 풀벌레 소리와
바람에 따라 흔들리는 푸른 그늘을 보고 있으면
어느새 이마 위를 흐르던 땀도 식고
무덥게만 느껴졌던 더위도 그럭저럭 버틸 만합니다.

○

Summer Picnic

Summer picnics are great
if it's in a cool tree shade.
I mean a tree so large
that a shade could even cover the sky.

If I calmly sit and lean against the tree,
listening to the soft rattles in the air from the grass bugs
and watching the blue shade that waves in the wind,
the sweat that falls from my forehead dries up
and the heat becomes much more bearable.

숲에서 찾은 예쁜 것들

숲은 멀리서 바라보았을 때도 즐겁지만
한 발자국 다가서면
소소한 예쁨을 발견할 수 있어요.

반질반질 건강한 빛을 머금은 초록 잎사귀나
동글동글 귀여운 도토리와 솔방울,
바라만 보아도 눈이 즐거운 노란 들꽃의 꽃잎.
시원하게 두고 먹으면 달고 맛있는 산딸기나
돌 틈 사이 뽀얀 우산을 드리운 버섯들.

발길에 채는 돌멩이 하나도 자세히 들여다보면
반짝반짝 빛나는 보물 같아 보이는걸요.

The Pretties from the Forest

Forests are wonderful to look at from afar,
but you also find small pretties when you get closer.

The green leaves that carry a shiny, healthy shimmer,
the cute little acorns and pines,
and yellow wildflower petals that entertain your eyes.
Raspberries that are a treat when kept cold
and mushrooms holding up milky umbrellas.

Even stones you catch in your footsteps are also shiny,
special treasures when you look closely.

달밤 라디오

계절의 페이지가 넘어갈수록
살갗에 닿는 공기는 더 뜨겁게 느껴져요.

햇볕이 강한 한낮의 더운 시간을 피해
날이 어둑한 저녁이 되자
마당으로 소풍을 나왔어요.
찌르르 울리는 풀벌레 소리와
선선하게 불어오는 바람을 느끼며
문득 라디오에서 흘러나오는 노랫소리가 좋아
눈을 감고 귀 기울여봅니다.

Moony Night Radio

As the pages of the season turn,
the air on my skin feels hotter.

I avoid the hotter times when the sunray is strong
and go on a picnic in my yard late in the evening.
Feeling the fresh wind blowing
and hearing the comforting sound of grass bugs,
I am pleased by the music on the radio,
and I close my eyes to listen carefully.

여행

즐거운 상상에 빠져
한가득 짐을 채운 여행 가방.
생각만 해도 기분이 좋아
슬며시 미소 짓던 시간들.
떠나기 전날 밤엔 괜히 가슴이 두근거려
쉽게 잠들지 못했어요.

우리의 이번 여행은
어떤 색으로 가득 채워질까요?

A Trip

A fully packed bag
while entrenched in wonderous ideas.
Times of gentle smiles from simple thoughts.
My heart pounds and hinders my sleep
on the night before the trip.

What color will fill our trip this time?

푸른 바다를 달려
여름 속으로

가끔은 아무 이유 없이
하얀 모래사장 위를 끝없이 달리고 싶어요.

철썩이는 파도 소리와 짭조름한 바다 내음,
머리카락을 헝클어뜨리는 바람을 정면으로 맞으며
사각거리는 모래사장을 달리면
더위에 지쳤던 하루도 바닷바람을 타고
저 멀리 날아가
가슴속까지 시원한 기분일 거예요.

Into the Summer, Across the Blue Sea

Sometimes, I wish to run across a white beach
with a cleared mind.

The clashing waves and salty scent of the sea.
When I run on the crisp beach
toward the wind that flows through my hair,
the tiresome, hot day will be blown away by the sea wind,
and the cool will reach deep within my mind.

8월, 어느 비 오는 날

하루하루 장마가 이어지는 날들.
창문을 두드리는 빗소리가 고운 음악처럼 들려
가만히 창가에 앉아 귀를 기울입니다.

계속되는 이 비가 지겹지 않은 까닭은
비 온 뒤 더욱 선명해지는
숲의 색 때문인지도 모르겠습니다.

A Rainy Day in August

The repeated rain during the monsoon.
The rain taps on my windowsill like sweet music,
and I sit and listen.

Perhaps I don't get tired of all this rain
because it will make the forest colors
become more vivid.

작은 우산 하나

때론 거센 비바람을 맞아야 할 때도
한 치 앞이 보이지 않는 길로 가야 할 때도 있지요.

하지만 괜찮아요.
거센 비는 튼튼한 우산으로 막고
어두운 길은 작은 불빛 하나면 문제없는걸요.

저 멀리 까마득해 보이는 일도
작은 것부터 하나씩 이겨내다 보면
금방 지나가게 된다는 걸,
우리 잊지 말기로 해요.

A Small Umbrella

Sometimes, you must stand against harsh rain and wind,
and go on when you can't look ahead.

But it's okay.
A sturdy umbrella for the wind
and a small light for the path is enough.

Even problems that seem to extend forever—
if you start with the small things,
let us not forget that they will all pass by.

기지개를 켜요

오늘 하루는 어땠나요?
아침부터 저녁까지 꼬박
해야 할 일에 정신없이 치여서
보낸 하루는 아니었나요?

시간이 어떻게 지나갔는지도 모른 채
시계를 보니 벌써 오후가 끝나가는 지금.
숨을 한번 크게 들이쉬고 두 팔을 머리 위로 쭉,
기지개를 켜보세요.
힘들었던 오늘은 훌훌 날려 보내고
내일 다시 힘찬 하루를
시작할 수 있게 말이에요.

Stretching

How was your day?
Were you swallowed up by work from
morning until night?

Unaware of the time,
you look at a clock and the afternoon is already at its end.
Take a deep breath, bring you arms up high, and stretch.
So the tiresome today can be gone,
and you can start another strong day tomorrow.

하늘 책

책을 펼쳐 페이지를 넘기면
그림 속의 하늘이 머리 위에 펼쳐지는
신비한 책이 나에게 있다면 얼마나 좋을까요?

눈부시게 희고 맑은 하늘도,
손을 뻗어도 닿지 않을 듯 깊고 푸른 하늘도,
분홍빛 노을이 드리운 저녁 하늘도
언제든 마음껏 펼쳐볼 수 있을 테니까요.

Sky Book

How marvelous would it be
to have a magical book that
with each page, the sky in the pictures unfold above?

A clear sky that's brightly white,
a blue sky I can't reach with my hands,
and an evening sky with a pink sunset—
I could open any of these whenever I want.

한여름밤의 캠핑

한낮의 해로 뜨겁게 달궈진 숲에 밤이 내리면
시원한 밤바람이 온종일 더웠던 공기를 식혀줘요.
우리도 그제야 슬그머니 밖으로 나섭니다.

조그마한 천막에 모기장을 치고
작은 램프 하나로 어둠을 밝힌 채
우리만의 즐거운 캠핑을 시작해요.
누군가 꺼낸 무서운 이야기 한 자락,
작은 접시에 담아낸 수박 한 조각에
한여름 더위는 훌훌 날아가고
밤은 깊어만 갑니다.

Camping on a Summer Night

When night falls on the forest that was heated by sun,
the cool breeze takes away the heated air from the day.
We were worn down by the heat, but we now slowly come out.

Putting up a small tent and a mosquito net,
and with a small lamp for the dark,
we start a delighted camp for ourselves.
with a scary story someone told
and a piece of watermelon on a small plate,
the summer's heat is blown away
and the night deepens.

어제와 다른 바람

문득 코끝에 닿는 바람에
어깨를 슬며시 스치고 지나가는 바람에
알아채고 말았습니다.

영영 머물 것 같던 여름이 가고
가을이 다가왔다는 걸요.

A Different Wind from Yesterday

From the wind on my nose
and the wind that gently passes my shoulder
I could tell.

That the summer that seemed to last forever is passing
and that autumn is near.

PART 3

가을이 더 가까이

Autumn is Closer

집 안 곳곳의 창과 문을 모두 열고
볼과 어깨를 스치는 바람을 가만히 느껴보아요.
어제보다 오늘 더 가까이 가을이 불어옵니다.

With the windows and doors widely opened in your house,
feel the wind gently brushing your cheeks and shoulders.
Autumn is closer today than yesterday.

숲은

지금

물들어 가는 중

단풍나무는 붉게, 은행잎은 더 노랗게.

누군가가 고운 물감으로 색칠하듯
하루가 다르게 숲이 물들어 가고 있어요.

○

The Forest is Being Colored

Maple trees are turning red, and ginkgo trees are turning yellow.

Like someone has brought fine dye,
the forest is being colored more each day.

온통 가을인 날

유난히 푸른 하늘의 색도
뺨에 스치는 기분 좋은 바람의 온도도
모두 다 가을, 가을이라고 합니다.

오늘은 그저 서로 마주 보고 앉아
날씨 얘기만 나누어도 좋은 그런 날이에요.

A Day Filled with Autumn

The color of the bright blue sky
and the cool, pleasant wind on my cheeks.
They all say autumn, that autumn is here.

Today, we're happy just by sitting across each other
and talking about the weather.

계절은 기다리지 않아요

무겁지도 가볍지도 않은
얇은 외투가 어울리는 요즘.

왜 집 안에만 있어요?
어서 신을 신고 밖으로 나와요.
끝없이 드높은 하늘도, 알맞게 선선한 바람도
우물쭈물하다가는 금세 흔적도 없이
사라질 거예요.

○

Seasons Do Not Wait

The recent days are fit for a thin coat,
neither heavy nor light.

Why are you still at home?
Hurry, get your shoes and come out.
The endless sky above and the wind with the right amount of cool—
they soon will all be gone without a trace
if you hesitate.

| 바
| 람

| 빗

거센 바람이 불어
머리카락을 온통 헝클어트려 놓아도
애써 정돈하지 않고 그냥 두어요.

바람이 이리저리
　　　빗어놓은 머리가
　　　　난 너무 좋은걸요.

Wind Comb

A strong wind comes by and tangles my hair,
but I don't try to fix it and leave it be.

In fact, I like the way the wind has combed my hair.

내 머리 위
커다란 하늘

들판 위에 누워
두 팔을 크게 벌리면

내 머리 위 커다란 하늘도
나를 둘러싼 거대한 숲도
모두 내 것이 된 것만 같아요.

o

Large Sky Above Me

When I open my arms
in an open field,

the large sky above me
and the forest around me,
it feels like they're all mine.

종이컵 전화기

작은 종이컵 두 개에
기다랗게 실을 연결해 만든 전화기.

'안녕' 하는 평범한 인사와
장난스러운 웃음,
직접 말하지 못한 비밀 이야기까지도
소곤소곤 종이컵 안에 풀어냅니다.

종이컵 전화기의 가느다란 실을 타고서
당신을 좋아하는 내 마음이
당신에게 가닿기를.

Paper Cup Telephone

A telephone made with
two little paper cups,
connected with a long thread.

We softly share a mundane
greeting 'hi' and a playful giggle,
and the untold secrets into the paper cups.

I hope my heart reaches you
through the thin threaded paper cup telephone.

함께
있다면

기둥과 벽돌로 지어진
튼튼한 집이 아니어도 괜찮아.

그 어디든 너와 함께한다면
마음 편히 쉴 수 있는 곳이
바로 우리의 집일 거야.

When
We're Together

It's okay even though it's not a sturdy house
built from pillars and bricks.

Wherever we are,
the place we rest with comforted hearts is home.

내가
가진 것

내게 없는 어떤 것을 바라게 될 때
가진 것을 세어보며 괜한 욕심을 덜어봅니다.
굳이 그것이 없어도
지금의 나는 얼마나 행복한지.

넘치는 것보다는 조금 모자란 삶이
나는 편안합니다.

Things That I Have

When I yearn for things I don't have,
I rid of my greed by counting the things I have.
I am so happy right now even without such things.

It's more relaxing to live that is a bit lacking
rather than overflowing.

꼬이고 엉킨

엉킨 실을 억지로 풀려 하지 말아요.

급한 마음에 꼬인 실뭉치를
이리저리 풀려고 할수록
자꾸만
　　더 얼크러
　　　　　지기만
　　　　　　할 뿐인걸요.

Tangled and Twisted

Don't force tangled thread apart.

If you rush to unknot it,
it only gets tangled more and more.

가을의 틈새

붉고 노랗게 빛났던 가을은
조금 더 짙고 그윽해졌습니다.

떨어져 내리는 낙엽들 사이로
시리도록 푸른 하늘과 반짝이며 빛나던 계절이
눈치 채지 못하는 사이 조금씩 지나갑니다.

짧기에 더욱 아쉬운 계절.
가을, 하고 더 불러볼 겨를도 없이
성큼 우리 곁을 달아나기에
이 계절이 더욱 아름답게 느껴집니다.

○

The Autumn Cleft

The autumn that glimmered in red and yellow
becomes a bit deeper and mellow.

Through the falling leaves,
the chillingly blue sky and the shining season
obliviously passes us by.

The season is wistful because it's short.
Because it goes by before we can call out 'Autumn',
the more beautiful the season is.

새집으로
이사 갈까요?

손바닥만큼 작았던 초록 식물 친구들이
어느새 이만큼 자라나
새 화분을 마련해주어야 하는 때가 왔어요.

더 크고 튼튼하게
자라났으면 하는 마음을 담아
정성스레 식물의 이사를 돕습니다.

초록 친구들도 새집이 마음에 든 듯
오늘따라 더욱 싱그러워 보이네요.

Let's Move You
to a New Home

Our fellow green plants,
once small enough to fit in our hands,
are now all grown and it's time they need new pots.

With hopes that
they'll grown bigger and stronger,
I carefully help them move.

As if the green fellows like their new home,
they seem to be more vibrant in life today.

겨울이 오기 전에

하늘에 닿을 만큼 키가 큰 은행나무들은
가으내 예쁜 노란 옷을 걸쳐 입었다가
드센 바람과 흐르는 시간을 이기지 못하고
잎들을 모두 떨어트렸습니다.

카펫처럼 빼곡히 쌓인 마른 낙엽 위에
빈 가지의 그림자가 지면,
다시 노란 잎을 걸친 듯
반갑게 가지를 흔들었지요.
눈이 부시도록 노란 가을의 마지막을
오래도록 바라보았습니다.

Before Winter Comes

Ginkgo trees, tall enough to reach the sky,
were wearing pretty, yellow clothes during autumn
but couldn't withstand strong winds and the passage of time
and dropped all of its leaves.

When the shadow of the branches fall
on the fallen leaves, gathered like a carpet,
it waves its branches
as though the yellow leaves were still there.
We watch autumn to its end,
which is a scene of dazzling yellow.

뜻밖의 추억

우연히 책을 펼쳤다 찾아낸
곱게 마른 단풍잎 한 장.

올해도 유난히 예쁜 낙엽 한 장을 주워
두꺼운 책 속에 끼워두었지요.

뜻밖에 만난 언젠가의 가을,
　　　즐거웠던 한 장의 추억.

An Unexpected Memory

By accident,
I find a dry maple leaf inside a book.

I find a fine leave this year again
and leave it in a thick book.

Unexpectedly meeting an autumn of some time,
a happy piece of memory.

| 집
| 으
| 로
| 들
| 어
| 온
| 바
| 람

집 안의 닫힌 문을 활짝 열고
선선한 가을바람을 맞이해요.

아침 식사 후 차 한 잔을 곁들일 때,
잘 마른 빨래를 개어놓고 잠시 소파에 앉아 쉴 때,
밀린 일기를 쓰기 위해 책상 앞에
앉아 있는 동안에도
열어둔 문을 통해 들어온 가을바람은
밖으로, 밖으로 자꾸 나를 손짓합니다.

역시 가을은
창문을 닫고 집 안에만 있기엔
아쉬운 계절이에요.

○

A Wind
That Came Inside

I open all of the closed doors inside
and greet the cool autumn wind.

After breakfast, while enjoying a cup of tea,
after I fold the laundry and rest on the couch,
and when I sit at my desk to finish yesterday's diary,
the autumn winds that enter through the open doors
ask me to join them outside.

It's truly regretful to stay closed up
indoors during autumn.

깊게 숨을 들이쉬어요

가야 할 길이 막막하고
매일이 숙제처럼 느껴질 때,
속이 얹힌 것처럼 답답하고
이유 없이 속상할 때,
그럴 땐 가만히
숨을 크게 들이쉬어 봐요.

조급한 마음도
우울했던 일도
차분히, 차분히
가라앉힐 수 있게 말이에요.

Take a
Deep Breath

When the road doesn't seem to end
and each day feels like homework,
when you feel clogged up
and are upset over nothing,
try sitting still
and taking a deep breath.

So that the restlessness and sadness
will go away calmly and silently.

간직하고픈 날

어느 맑은 가을날의 소풍.
함께 있어 행복했던 시간들.

비밀상자에 넣어 소중히
간직하고픈 하루였어요.

A Day to
Keep

A picnic on some clear autumn day.
Times we were happy by being together.

It was a day I want to cherish
and keep inside a secret box.

문득 행복해진 오늘 오후

거품 가득한 우유에 초콜릿 조각을 넣어 마시는
달콤한 핫초코 한 잔.
비처럼 내리는 낙엽을 감상할 수 있는
커다란 창문과
무릎 위를 덮어줄 포근한 담요가 있다는 사실.
아껴 읽을 만큼 재미있는 소설책이
탁자 위에 올려져 있고
책 한 권을 전부 읽을 수 있을 만큼
오늘 오후가 여유롭다는 것.

특별함을 멀리서 찾지 말아요.
어쩌면 이런 사소한 행복이 쌓이고 쌓여
나만의 특별함이 되어가는걸요.

An Afternoon of Sudden Delight

A sweet cup of hot chocolate with foamy milk
and pieces of chocolate.
A large window to admire the leaves falling like rain
and the fact that there's a cozy blanket to cover my knees.
A novel too fun to waste is on the table,
and the afternoon is free to fit an entire book.

Do not search for specialties from afar.
Such small things come together
and become specialties of your own.

따뜻한 마음은 어떤 모습일까

보드라운 색색의 털실 뭉치들.
소중한 이를 생각하며 한 코 한 코 엮으면
따뜻하게 감싸줄 목도리가 되기도 하고,
작은 친구의 포근한 쉼터가
되어주기도 하겠지요.

한 가지 분명한 건
누군가를 생각하는 마음은
그 모습이 어떻든 참 예쁘다는 것.
어쩐지 기분이 몽글몽글하고
절로 미소 짓게 만드는 그런 포근한 것.

What Is the Shape of a Warm Heart

A bundle of colorful yarn that is soft.
When you wove each thread
while thinking of someone special,
it becomes a scarf that holds you when it cold
and a shelter for your small friends.

An undeniable fact is that
your heart thinking of someone is pretty,
regardless of its shape.
It's a coziness that brings waves to your mood
and makes you smile.

카메라를 들고

가끔은 카메라를 들고 무작정 밖으로 나서요.
돌 틈 사이를 비집고 자란 고사리와
추운 날씨에도 아랑곳 않고 피어난 하얀 들꽃.
누군가 도토리를 잔뜩 묻어둔 비밀 장소나
키 큰 나무 위에 집을 지어놓은 작은 새의 솜씨.
그리고 나와 나란히 걷고 있는 당신의 미소.

파인더를 통해 바라본 풍경은
모두 근사한 보물처럼 보여요.

With a Camera

Sometimes, I take an unplanned walk with a camera.
Ferns that grow while pushing through gaps in rocks
and white wildflowers that bloom in the face of the cold air.
A secret stash filled with somebody's acorns
or the skills of small birds that built houses in tall trees.
And your smile who's walking beside me.

The scene from the viewfinder
all looks like luring treasure.

노을엔 살짝 눈을 감고

해가 기울어 가는 시간에 집을 나서 숲길을 걸어요.
먼 산의 고개 뒤로 해가 막 모습을 감출 무렵,
타오를 듯 붉은빛이 너무나도 밝고 뜨거운 탓에
눈을 살짝 감을 수밖에 없었어요.

눈을 감아도 노을은 한동안 눈앞에 아른아른 맴돌다
해가 사라지자 같이 구름 뒤로 숨어들었습니다.
오늘 하루도 이제 곧 안녕이네요.

○

Close Your Eyes at a Sunset

I leave home to take a walk
when the sun starts to set.

The sun sets behind the far mountain,
and because the burning light was too bright and hot,
I had to close my eyes a little.

The sunset lingered for a while, and when the sun was gone,
it hid behind the cloud as well.
It's almost time to part with today as well.

위
로

어쩌면 위로에는
그렇게 많은 말이 필요하지 않을지도 몰라요.

Condolence   Perhaps condolences don't require many words.

가을이 지나가는 중입니다

사계절 중에서도 가을은 좀 이상한 계절이에요.
괜히 생각에 잠기게 되거든요.

겨울이 오면 금방 바래질 울긋불긋한 색이,
사라져가는 아름다운 가을이 아쉬워
나는 오늘따라 괜히 슬퍼집니다.
산을 타고 넘어 지나가는 강한 바람에
우수수 날아가는 낙엽을 보며
조금은 마음이 시린 지금은
가을이 지나가는 중입니다.

Autumn is in Passing

Among the four seasons, autumn is a bit odd.
You tend to do a lot of thinking.

Because of the variety of colors that go away
and the beautiful autumn that fleets with winter,
today, I feel a little sad.
As I watch the leaves fall
with the fierce wind over the mountain,
my heart goes a bit numb.
Autumn is in passing.

달 파이

엄마가 만들어준 폭신한 팬케이크처럼
바구니 가득 주워 온 속이 꽉 찬 알밤처럼
오늘 달이 그래요.
잘 익은 파이처럼 둥글고 탐스러워요.

저 달을 한 조각 잘라 맛볼 수 있다면
과연 어떤 맛이 날까요?
단호박처럼 싱그러울까요,
아니면 치즈처럼 진하고 고소할까요?

둥글고 커다란 달을 바라보며
우리는 재미있는 상상에 빠져들었습니다.

Moon Pie

Like soft pancakes that mom makes,
like a full basket of rich chestnuts that were gathered,
that's how the moon is tonight.
It's round and lush like a nicely baked pie.

If I could taste a slice of that moon,
what would it taste like?
Would it be fresh like a pumpkin,
or rich and creamy like cheese?

Hanging at the middle of the bright night sky,
we indulge in joyful thoughts.

저 하늘의 달도 너에게

그거 알아요?
난 당신에게 뭐든지 다 해주고 싶어요.
말만 하세요.
저 높은 밤하늘의 달도 줄 수 있으니까요!

You know what?
I would do anything for you.
Just say the word.
I will even get the moon in the nightsky up high just for you.

Even the Moon in the Sky is for You

내 두 손 가득,
행복

한 글자 한 글자 정성스레 하루의 일기를 마무리하고
폭신한 이불 속에 파묻히듯 잠드는 밤.
숲속 작은 오두막, 나의 공간 속에서
소중한 이들과 함께하는 소소한 일상은
돌이켜보면 얼마나 반짝이는 순간들인지.
나는 보이지 않는 행복을 두 손 안에
듬뿍 가지고 있는지도 몰라요.

잡히지 않는 먼 곳에는
내가 찾는 행복이 없어요.
언제나 그랬듯, 소중한 건 항상
      이 손 안에 모두 있으니까요.

Two Hands Full of Happiness

A night's sleep after finishing my diary,
pouring my heart into each word,
and burying myself in soft and cushiony blankets.
The mundane days with special people in a small forest cottage—
in a space of my own hindsight tells me
how precious these moments are.
Perhaps I never noticed the happiness that fill my two hands.

No happiness resides where my hands cannot reach.
Like always, all that is precious is in my hands.

PART 4

겨울에 만나는 너

Meeting You in Winter

푸른 나뭇잎이 없어도 가느다란 저 나뭇가지들은 얼마나 예쁜가요.
겨울 하늘을 도화지 삼아 나뭇가지들이 그린 그림을
가만히 두 눈 속에 담아봅니다.

How pretty the fragile branches are even without their green leaves.
I capture what the branches have drawn
on the winter sky canvass with my eyes.

겨울 아침

아직 어두운 새벽녘, 졸린 눈을 부비며 일어나
벽난로를 데우던 장작이 떨어졌는지 살펴요.
하루 종일 장작을 땔 만큼 추운 날이거든요.

다시 잠에 들었다가
슬며시 밝아오는 아침을 느끼면
두꺼운 커튼을 열어
밤사이 눈이 내렸나 창밖을 살펴보고는
이불 속으로 들어가
또다시 달콤한 아침잠을 즐겨요.
베갯잇에 남은 온기에 볼을 비비며
조금은 느슨해지는 아침,
　　　　한가로운 겨울의 일상입니다.

Winter Morning

It's still dark at dawn and, with sleep still in my eyes,
I see if the fireplace needs more wood.
It's cold enough for the fireplace to burn all day.

I fall back to sleep but when I feel the morning gain more light,
I open the thick curtains and see out the window
how much it snowed through the night,
then I return to bed
and enjoy a sweet sleep through the morning.
Loosening up as I pull the warmth on the pillow
on my cheeks, it's a slow winter morning.

겨울 꽃

소리 없이 창문을 두드리는 눈 소식에
나는 다락방의 창문을 열고 온통
하얀 세상을 맞이했습니다.

외출할 때 걸치는 겉옷의 두께도,
입 밖으로 나오는 하얀 입김도
분명 이제는 겨울이라고 말해주지만
나는 어쩐지 꼭 눈이 와야만
정말 겨울이 된 듯한걸요.

목화솜처럼 부드럽고 솜사탕처럼 가벼운 눈은
겨울이 시작되었다고 하늘에서 보내는
축하 꽃들 같아요.

Winter Flower

When I saw the white snow silently tapping on my windows, I opened the windows of my attic and welcomed the world covered with white snow.

When you look at how thick are the clothes I'm wearing and how my breath comes out whenever I breathe,
it's definitely winter.
But the very moment I feel that winter has really come
is after looking at the snow falling.

The snow, as soft as cotton and as light as cotton candy, seems like flowers sent from heaven, congratulating us that winter has begun.

핫초코

으슬으슬 추위에 떨던 나를 달래는 한 잔.
지친 두뇌에 달콤한 기운을 불어넣는 한 잔.
몽글몽글 진하고 달달한 핫초코 한 잔.
이 한 잔을 마시면 거짓말처럼
금세 행복해져요.

Hot Chocolate

A cup that soothes me when I'm cold.
A cup that sends sweet vigor into my exhausted brain.
A swirling cup of rich, sweet hot chocolate.
Drinking this one makes me happy in a spell.

창문을 열어요

요즘처럼 추운 겨울날에는
바람 한 점 들어올까 두려워
방문을 꼭꼭 걸어 잠그지만
가끔 이렇게 굳게 닫힌 창문을 열고
맑은 바깥공기를 듬뿍 들이마시면
복잡한 머릿속까지 단번에
상쾌해지는 기분이에요.

Open the Window

On cold winter days,
I'd normally shut my room door,
worrying that the wind might come in.
But sometimes, opening the closed windows
to take a plentiful draw from the outside air
refreshes your burdened mind at once.

겨울 숲속으로

하얀 눈이 소복이 내려앉은 겨울.
나무는 겨울을 닮은 흰옷을 꺼내 입고
익숙했던 흙길은 솜이불을 덮은 듯 포근합니다.

눈부신 숲속 오솔길을 따라가면
마녀가 사는 과자집이나 뿔이 빛나는 순록,
어쩌면 은하수가 흐르는 계곡을
만날 수 있을지도 모르죠.

이맘때에만 만날 수 있는 하얀 겨울 숲은
마치 마법의 세계로 향하는 길목 같아요.

Into the Winter Forest

Winter times with white snow on the ground.
Trees wear white clothes that seem like winter
and the dirt road is cozy under a cotton blanket.

On the glimmering forest path,
perhaps the witch's candy house or a horned reindeer,
or perhaps a stream of the milky way is waiting.

The white winter forest you meet only at this season
is like a pathway to a world of magic.

그저, 지금

하늘에 떠다니는 구름 한 점에 차 한 모금.
애써 무언가를 하지 않아도 되는 시간이
가끔은 필요합니다.

Now
and Nothing Else

A spot of a cloud in the sky and a sip of tea.
Sometimes you need times of idling.

마음을 엮어

선물을 받고 기뻐할
당신의 모습을 떠올리면서
하루 종일 뜨개질을 해요.

당신을 위하는 내 마음이
한 올 한 올 고스란히 담겨
반짝반짝 빛이 납니다.

Weaving Hearts

I knit all day
while imagine how happy you'll be
when you get this gift.

My heart toward you sparkles
as it seeps into each knit.

친구

친구란 말하지 않아도 눈빛만으로
서로가 어떤 마음일지 알 수 있는 존재예요.

Friends

Friends are those who read each other's mind through their eyes without words.

하늘과 마주하기

하늘과 가장 가까운 곳.
내가 아는 제일 높은 언덕에 올라
눈을 감고 가만히 손을 들어 하늘을 반겨요.
손가락 사이에 감기는 바람이
꿈결처럼 보드랍게 스치면
마치 하늘과 가만히 손바닥을
마주하고 있는 것 같지요.

작은 손 가득히 하늘과 악수하고 나면
어느새 하늘은 친근한 이웃처럼 느껴집니다.
환히 밝아오는 아침에도, 붉게 물든 저녁에도
이제부턴 매일 하늘에 '안녕' 인사하기로 해요.

Touching Hands with the Sky

Where I'm closest to the Sky.
I climb the highest hill I know and, with my eyes closed,
I lend a hand to the sky and welcome it.
When the wind softly winds through my fingers
like the stream of a dream,
it feels like I'm touching hands with the sky.

The sky fills my small hands when we shake
and it feels like we're already close neighbors.
At the glowing morning, or at the reddening evening,
from now on let's share words or welcome and farewell
with the sky, every day.

너의 눈으로 바라본 나

당신의 눈으로 바라본 나는 어떤 모습일까요?
당신에게 항상 웃는 얼굴로
기억되었으면 좋겠어요.

○

Me Through
Your Eyes

How will I look through your eyes?
I want you to remember me as a face
that's always smiling.

아픈 밤, 잠들게 해준

오늘 밤은 열이 펄펄 나고 어지러워
그저 누워만 있어도 머릿속이 댕댕 울려댔지요.

잠에 들지 못한 채 한참을 아파하며 뒤척이던 밤.
눈물과 땀으로 베개를 적시던 내가
겨우 잠들 수 있었던 건
흐르는 땀을 닦아주고 어깨를 토닥이며
내 곁에 있어준 당신 덕분이에요.

What Let Me Sleep Through an Ill Night

Tonight, a burning fever and a dizzying headache
kept my head ringing while in bed.

Twisting and turning,
unable to sleep through the night.
What let me sleep, with my pillow wet
from tears and sweat,
was you who was beside me,
wiping my sweat and tapping my shoulder.

크리스마스이브

겨울이 즐거운 이유가 또 하나 있어요.
바로 크리스마스가 있다는 사실이지요!
매해 크리스마스 전날,
올해는 산타클로스가 어떤 선물을 주실까
두근거리는 마음으로 잠들었던 밤이
나에겐 가장 설레는 추억이에요.

내일 아침 잠에서 깨어난 당신의 머리맡에는
어떤 선물이 기다리고 있을까요?
행복한 날이 되었으면 해요, 오늘.

Christmas Eve

There's another reason why winter is joyful.
It's because of Christmas!
Every year, the night before Christmas,
I wondered what Santa Claus will bring me,
and the nights my heart pounded until I fell asleep
are precious memories of mine.

What kind of present will be at your bedside
tomorrow morning?
I wish you have a happy day today.

매일이 크리스마스

매일이 크리스마스라면 얼마나 좋을까요?

내 키보다 더 커다란 트리를 꾸미는 일도,
통나무 모양의 케이크와
알록달록한 아이싱 쿠키도,
함께여서 더 즐거운 크리스마스 파티도
매일매일 계속될 수 있잖아요!

Christmas Day
Every Day

How wonderful will it be for every day to be Christmas?

Decorating a tree taller than I am,
a cake shaped like a log, and colorful cookie icing.
We'll have christmas parties that are joyful
because we're all together every day as well!

겨울이라는 아이

나뭇가지를 타고 내린 투명한 고드름이나
볼과 귀를 할퀴듯 지나가는 차가운 바람,
발끝을 타고 오르는 시린 감각처럼
푸르고 날카로운 겨울이라는 계절.

하지만 나는 알아요.
가으내 내린 낙엽과 메마른 흙 위에
이불을 덮은 듯 하얀 눈이 쌓인 풍경과
친구들과 즐겁게 만들었던 동글동글 귀여운 눈사람.
하늘에서 쏟아지던 목화솜 같은 함박눈처럼
포근하고 따뜻한 겨울의 또 다른 면을.

A Child Called Winter

Like icicles that hang on branches,
cold winds that scratch cheeks and ears,
and the cold we feel from our toes,
winter is a season that is both blue and stingy.

But there's something I know—
like the scene of white snow blanketing the dry dirt
and the leaves that fell during autumn,
the cute, round snowman we made with our friends,
and the cotton snow falling from the sky,
there is another side of winter that is cozy and warm.

코
코

맞닿은 코끝으로 인사를 나눠요.
행복한 기운이 당신에게 전해지도록 말이에요.

○

Nose to Nose   Let's share greeting with our noses.
                  So that my happy aura gets to you.

잠이 오게 하는 마법

도톰한 기모가 들어가 있는
부드러운 재질의 겨울 잠옷.
폭신한 침대 위에 누워 두 팔로 안아 들면
세상 부러울 것이 없어지는 커다란 쿠션.
베개처럼 맞대고 누우면
스르르 잠이 오게 하는 서로의 온기.

보드랍고 따뜻한 것들엔
저절로 잠이 오게 하는
마법이 숨어 있는 것 같아요.

○

A Spell to Sleep

Soft winter pajamas with fleece lining.
A large cushion that leaves no envy
when held with both arms on a soft bed.
Our warmth that leads us to sleep
when we lay against each other like pillows.

It feels like soft and warm things contain a spell
that makes us fall asleep.

시린 하늘을 날아

가지에 쌓인 눈을 오소소 털어내는
하얀 나무들은 아랑곳 않고
철새들은 춥지도 않은지 바삐 날개를 움직여
저 먼 하늘로 날아갑니다.

새들이 향하는 곳은
자작나무가 빼곡한 숲일지,
버드나무가 하늘거리는 호숫가일지
억새가 무성한 평야인지 짐작할 수 없지만
추운 계절 동안 부지런히 날아 도착한 곳엔
분명 따뜻한 봄이 기다리고 있을 거예요.

○

Flying Through a Cold Sky

The trees that shake off the snow
from their branches could care less
and seasonal birds, like they don't mind the cold,
flap their wings and fly across the sky.

Whether the birds are headed toward
a forest full of birch or a lake with willow,
or whether they're headed toward
a field of silver grass, I do not know.
But when they get there by flying through winter,
I'm sure that spring is waiting for them.

내 바로 뒤의 행복

언젠가 세운 목표가
까마득히 멀리 있어요.
목표에 도달하면 반드시
행복해질 거라는 생각으로
앞만 보고 가기에 바빠
뒤돌아보는 것을 잊어버리곤 해요.

어쩌면 행복은
조금만 고개를 돌리면
바로 뒤에서 나를 기다리고
있을지도 몰라요.

○

Happiness Right Behind Me

The goal I had set some time ago
is in a distance.
I thought I'd be happy when I reach
my goal and was busy going forward,
forgetting to look back.

Perhaps if I turn my head,
happiness is waiting for me
right behind me.

겨울의 선물

흰 눈이 소복이 쌓인 오늘의 풍경은
겨울만이
　　　줄 수 있는 선물 같아요.

Winter Gift

A scene of snow like today is a gift
that only winter can give.

변하지 않을 거예요

올해도 벌써 조금밖에 남지 않았네요.
되돌아보면 즐거운 기억들이 가득해요.
아무 걱정 없이 숲속을 뛰놀고 하늘을 바라봤던
그런 나날들이요.

오늘도, 내일도, 그다음 날도.
매일이 하고 싶은 일로 가득했고
하루를 끝내고 잠에 드는 순간에는
내일이 못 견디게 기다려졌어요.
세월이 흘러 나이를 먹고 모습이 변한다 해도
지금 이 순간의 즐거움과 꿈은
결코 변하지 않고 소중히 간직되겠지요.

I Won't Change

The year ends soon. Looking back, there are many joyful memories.
Days of playing in the woods and watching the sky without any worries.

Today, tomorrow, the day after, each day was filled with things to do,
and when it was time to sleep, I couldn't wait for the next day to come.

Even when my outside changes with time and age,
the laughter and dreams of these moments will be cherished unchanged.

일기장의 첫 페이지

달력의 첫 페이지를 넘기고
아껴왔던 새 일기장을 꺼내요.
고개를 들어 맞이한 하늘이 어제와 달라 보이는 건
새로운 해가 밝았기 때문일까요?

새해 첫날은 아직 포장을 뜯지 않은 선물처럼
즐거운 일이 가득할 것만 같아
마음이 두근거려요.
새하얀 백지 위에 그려질 새로운 날들을 상상하며
설레는 마음으로 일기장을 뒤적입니다.

First Page of the Diary

I turn the first page of the calendar
and bring out my treasured new diary.
Does the sky above look different from yesterday
because the new year's sun has risen?

The first day of the new year is like a gift box
that is still wrapped, and my heart is excited
to see all the joyful things to come.
I think of the new days that will be painted
on an empty canvas and scribble in my diary.

지난밤 꿈에

빗소리를 자장가 삼아 잠든 지난밤,
꿈속에서 커다랗고 푸른 고래를 타고
무수히 많은 별들이 빛나는 은하수를 여행했지요.
고래는 등에서 별 분수를 뿜기도 하고
환호하듯 큰 소리로 나팔을 불기도 했습니다.
우리는 밤하늘을 온종일 날아다녔어요.

빗방울이 툭툭 지붕을 두드리는 새벽이 되어서야
눈을 비비며 꿈에서 깨어났습니다.
머리맡에 펼쳐진 그림책에는 꿈에서 보았던
그 고래가 있었어요.

In Yesterday's Dream

I fell asleep to the rain's lullaby last night,
and dreamed of riding a big blue whale
and traveled above the Milky Way
full of numerous shining stars.
The whale spat stars out of its blowhole
and blew a horn as if it were shouting in joy.
We kept flying in the night sky.

I didn't wake up until morning, rubbing my eyes,
when raindrops were tapping on the roof.
In the picture book I left open at the bedside
was the whale from the dream.

꽃눈

길고 긴 겨울, 추운 계절을 견디고
둥그레 피어난 목련의 하얀 꽃눈.
봄이 오기엔 아직 이른 것일까요?
꽃눈 위에 소복이 봄눈이 내렸습니다.

하지만 내일 아침 햇살이면
시린 눈은 흔적도 없이 사르르 녹아
꽃눈의 목마름을 축여주겠지요.

이길 수 있는 작은 시련은
꽃도 사람도 반짝, 피우게 합니다.

o

Flower Snow

During a long, long winter, a white magnolia snow flower
bloomed through the cold season.
Is it too early for spring?
On top of the snow flower, there heavily lays spring snow.

But with tomorrow's sunlight, the cold snow will melt
away and clench the snow flower's thirst.

Small, surmountable challenges help flowers,
and also people, bloom.

행복을 잡아요

누구에게나 행복은 찾아와요.
그게 당장 내일일지 먼 미래일지는 알 수 없지만
남들이 뽐내는 행복의 색과 크기를 신경 쓰다
당신만의 행복을 놓치지 말아요.

그 행복이 어떤 색이든, 크고 많음에 상관없이
당신에게 찾아온 기회를 그저 잡기만 하면
분명 행복해질 거예요.

Hold on to Happiness

Happiness comes to everyone.
We don't know whether it'll come tomorrow
or in the distant future,
but don't be caught up in the color
and size of the happiness of others and miss yours.

Whatever the color, the size, or the amount,
as long as you seize your opportunity,
you will be happy for sure.

《숲을 닮은 너에게》

비하인드 스토리 ———

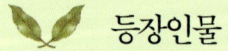 ## 등장인물 소개

숲소녀
긴 검은 머리를 가진 소녀.
깊고 외딴 숲에서 동물 친구들과
행복하게 살고 있습니다.

루돌프 강아지
머리 위에 밝은 사슴뿔을 달고 있어요.
언제나 순수한 눈동자로 소녀와
다람쥐의 곁을 묵묵히 지켜줍니다.

목도리 다람쥐
목에 흰 털을 두른 목도리 다람쥐.
도토리와 달달한 디저트를 좋아해요.
나무 타기가 취미랍니다.

Interview

독자님께 가장 많이 받는 질문들을 모아 답변해보았습니다.

Q. 숲소녀와 루돌프 강아지, 목도리 다람쥐 캐릭터가 탄생하게 된 배경이 궁금해요!

A. 처음에는 막연히 제가 숲을 좋아하고, 숲에서 살고 싶다는 꿈이 있었기 때문에 큰 구상 없이 손 가는 대로 숲속의 캐릭터들을 그렸어요. 얼마 전에 그때의 초안을 찾아보니 지금 캐릭터와 비슷한 느낌이 있더라고요. 이 친구들이 숲속에서 어떤 하루하루를 보낼지 상상하며 이야기를 이어나가는 일이 재미있었고, 한 점 한 점 그려나가면서 점점 세계관이 확장되어서 현재까지 이르게 된 것 같아요.

Q. 숲소녀 외에 다른 사람은 거의 등장하지 않는데,
혼자 있는 숲소녀가 외롭지는 않을까요?

A. 어린왕자나 피터팬 같은 동화 주인공들을 제외하면 다른 사람들이 숲속에 등장하지는 않아요. 그건 숲소녀가 저 자신을 투영한 인물이기 때문인 것 같아요. 저도 현실에서 다른 사람들과 같이 살아가고는 있지만, 대부분의 시간을 혼자 생각하고 작업하며 보내거든요.
그리고 숲소녀가 외로워 보이는 건 아마도 사람의 시각으로 봐서 그렇지 않을까요? 사실 소녀 옆에는 많은 동물 친구들이 있고, 매일 즐거운 하루하루를 보내고 있으니까요.
어쩌면 소녀가 혼자 머물고 있는 숲이기 때문에 더 푸르고 청량할 수도 있을 것 같아요. 사람이 북적이는 숲이었다면 환경 파괴가 심했을 테니까요(웃음).

사람들과 많은 관계를 맺으며 살아가는 현실에 피로감을 느끼기 때문일까요? 숲소녀가 혼자이기 때문에 더 좋다는 독자분도 굉장히 많았어요. 억지로 타인과의 관계를 지속하는 데 시간을 쓰지 않기 때문에, 혼자만의 시간을 소중히 여기고 주변의 작은 동식물과 자연에 관심을 기울이며 살아갈 수 있다고 생각해요.

Q. 숲소녀 외에 목도리 다람쥐의 루돌프 강아지에 대해 더 알고 싶어요!

A. 처음에는 신비한 숲에 사는 숲소녀와 동물들이라는 주제로 그림을 그렸는데요. 제일 먼저 사람과 가장 가까운 친구인 강아지를 떠올리게 되었어요. 그러면서 뭔가 특별한 아이템이 있으면 좋겠다는 생각을 했거든요. 단번에 떠올랐던 게 루돌프 사슴이었는데, 강아지에게 사슴뿔을 달고 나니 마치 크리스마스처럼 특별한 저만의 캐릭터가 생긴 듯해서 기뻤어요. 지난번 크리스마스 때는 루돌프 강아지가 직접 루돌프가 되어 수레를 끌고 선물을 배달하는 그림(p. 190)을 그렸는데, 개인적으로 즐거웠던 작업이었어요.

목에 흰 목도리를 하고 있는 다람쥐는 처음부터 생각했던 캐릭터였어요. 숲속에서의 삶과 친구를 소중히 여기는 숲소녀나 루돌프 강아지에 비해 좀 더 본능에 충실한 친구를 상상했죠. 목도리 다람쥐는 '먹을 것이 풍족하고 안락한 삶'을 중요하게 여겨요. 달콤한 산딸기와 견과류로 곳간을 불리는 걸 좋아하고, 포근한 담요에서 안락하게 잠드는 걸 좋아하는 친구예요. 참, 그거 아시죠? 다람쥐들이 도토리를 땅 속에 엄청 숨겨놓았다가, 어디였는지 기억을 하지 못해서 결국 도토리를 싹 트게 하고 참나무로 키운다는 이야기요. 이 친구도 그래요(웃음). 본인의 패션 아이템인 목도리를 사랑하는 귀여운 친구랍니다.

Epilogue •

나의 숲은 언제나
당신이었습니다

〈숲소녀 일기〉로 그라폴리오 연재를 시작하여 첫 책 《너의 숲이 되어줄게》로, 그리고 이번에 《숲을 닮은 너에게》로 세상에 나오게 된 푸른 숲속 소녀의 일기. 그저 숲이 좋아 무작정 시작했던 이 이야기를 연재한 지 벌써 4년이 다 되어가네요.

그림 속 주인공인 소녀는 어느새 마음속 깊이 숨겨져 있던 제 모습이 되기도 하고, 어른이 된 후 잃어버렸던 소중한 동심과 꿈을 담아내기도 했어요. 단 한 장의 그림을 완성하는 일조차 버거워했던 제가 이 이야기를 계속 이어갈 수 있었던 건 무엇보다도 숲속 소녀를 본인의 모습처럼 여기고 아껴주었던 많은 독자분들의 응원 덕분인 것 같아요.

문득 책 《너의 숲이 되어줄게》에 썼던 한 구절이 생각나네요. "누구에게나 푸른 숲속의 작은 소녀가 숨어 있습니다."라는 문장이요.
연필 가는 대로 써 내려간 일기처럼 가끔은 두서없고 또 가끔은 너무 소소한 이야기들이지만 반짝이는 소녀의 모습을 앞으로도 쭉 지켜봐 주시면 좋겠어요.

숲이 주는 영감과 경이로운 계절의 변화에 감사하고 소소한 일상이 주는 행복에 귀를 기울이면서, 늘 그래왔던 것처럼 한 장 한 장 꾸준히 저와 여러분의 마음속 작은 소녀를 계속 그려나갈게요.

덧붙여 이 책을 만날 수 있게 해주신 모든 분들께
진심으로 감사드립니다.
《숲을 닮은 너에게》가 당신의 마음속에
추억하고 싶은 한 권의 동화가 되었으면 좋겠습니다.

숲을 닮은 너에게

2019년 5월 10일 초판 1쇄 발행 | 2024년 1월 31일 14쇄 발행

지은이 애뽈
펴낸이 박시형, 최세현

마케팅 양근모, 권금숙, 양봉호 **온라인홍보팀** 신하은, 현나래, 최혜빈
디지털콘텐츠 김명래, 최은정, 김혜정 **해외기획** 우정민, 배혜림
경영지원 홍성택, 강신우, 이윤재 **제작** 이진영
펴낸곳 시드앤피드 **출판신고** 2006년 9월 25일 제406-2006-000210호
주소 서울시 마포구 월드컵북로 396 누리꿈스퀘어 비즈니스타워 18층
전화 02-6712-9800 **팩스** 02-6712-9810 **이메일** info@smpk.kr

ⓒ 애뽈(저작권자와 맺은 특약에 따라 검인을 생략합니다)
ISBN 978-89-6570-804-9 (03810)

- 이 책은 저작권법에 따라 보호받는 저작물이므로 무단전재와 무단복제를 금지하며,
  이 책 내용의 전부 또는 일부를 이용하려면 반드시 저작권자와 마음서재의 서면동의를 받아야 합니다.
- 이 책의 국립중앙도서관 출판시도서목록은 서지정보유통지원시스템 홈페이지(http://seoji.nl.go.kr)와
  목록시스템(http://www.nl.go.kr/kolisnet)에서 이용하실 수 있습니다.
  (CIP제어번호 : 2019016211)

- 잘못된 책은 구입하신 서점에서 바꿔드립니다.
- 책값은 뒤표지에 있습니다.
- 시드앤피드는 (주)쌤앤파커스의 브랜드입니다.

쌤앤파커스(Sam&Parkers)는 독자 여러분의 책에 관한 아이디어와 원고 투고를 설레는 마음으로 기다리고 있습니다. 책으로 엮기를 원하는 아이디어가 있으신 분은 이메일 book@smpk.kr로 간단한 개요와 취지, 연락처 등을 보내주세요. 머뭇거리지 말고 문을 두드리세요. 길이 열립니다.